AF402947

Kangastuksia

© 2015 Armi Susi

Kannen kuva: Ruth Sara Begert

Kustantaja: BoD – Books on Demand,
Helsinki, Suomi

Valmistaja: BoD – Books on Demand,
Norderstedt, Saksa

ISBN: 978-952-318-388-9

Kangastuksia

Runokuvia matkalta uuteen aikaan.

Matkalta, jolle on ollut lähdettävä kun
elämästä on jäljellä vain tyhjät tuolit, ja
joka vastaamattomien kysymysten ja
ajattoman tyhjyyden jälkeen johtaa
uuteen aikaan.

Tyhjät tuolit katselevat toisiaan
hämärässä huoneessa.

Kauan sitten lausutut sanat
ovat häipyneet kuiskeena nurkkiin.

Et enää kuule
vaikka puhuisin puutaheinää.

Jalkasi on noussut lähtemään,
mielesi on jo mennyt.

Kiirehditkö tähän hetkeen
samoin kuin tästä seuraavaan?

Muukalainen, sinua en tunne,
mutta muistutat miestä
jolle annoin elämäni langan.

Hän ei sitä huolinut,
vaan matkasi maat ja mannut
löytääkseen jotain parempaa.

Kerta kerralta valitsin sinut
ja sinä jotain muuta.

Viimein lähdin myrskyn matkaan
ja sinä valitsit jotain muuta.

Kuin syksyn lehdet
reunustavat muistot polkua
menneeseen.

Tie tulevaan
on kasteen verhottama.

Miksi seuraat mukanani
kuin musta kivi kylkiluissani?

Vedän verhot kuvasi eteen,
puserrran veresi sieluni riekaleista.

En halua sinua nähdä,
kun en kuitenkaan sinua kosketa.

Tänäaamuna jätit meidät,
palasit ikuisuuden usvaan.

Pieni tyttö, nuori nainen,
keski-ikäinen ja vanhempi;
kaikilla sama sydänsärky,
sama kaipaus kylkiluissa.

Keskellämme vain tyhjyys,
tyyni lampi mustaa vettä.

Jostain kaukaa
kuuluu haikujen aamuinen laulu.

Onko täällä ketään?
Ei vastausta.

Mustat ikkunat, autio talo.
Puutarha, kerran kukkinut,
aavikoksi hakattu.

Arpeutuneet kannot
harhailevat hiljaa heinikossa.

Kysymykset nousevat
kuin sienet hakkuuaukiolle.

Onko täällä ketään?
Ei vastausta.

Ei yötä eikä päivää,
vain ikuisuuden ajaton kajo.

Yksinäiset sielut
vaeltavat uniensa raunioilla.

Jos aurinko nousisi
se ehkä värittäisi tästä
ajallisen päivän.

Jos voisin sen kuvailla
ei sitä ehkä olisi;
pohjatonta tyhjyyttä,
ajatonta aikaa.

Pelkäänkö pelon päättymistä?
Surenko surun ehtymistä?
Kaipaanko kaipausta?

Kietoudun kangastuksen
valheelliseen vaippaan
turvaan tyhjyydeltä.

Usva on hajonnut
vaan ei tullut aamu.

Tulenlieskat lyövät
vatsani riekaleiksi.

Palavat soluni
sinkoilevat sinne ja tänne.

Palaako totuus
vaiko vain valhe?

Onko tämä
kangastusten kiirastuli?
Ja mitä jää jäljelle?

Vain tuhkaa?

Olen kadonnut
kuin tuhka tuuleen.

Vatsan paikalta
näkyy nyt vastaranta.

Jalanjäljissä ei hiiren hyppäämää.

Minua ei siis enää ole.

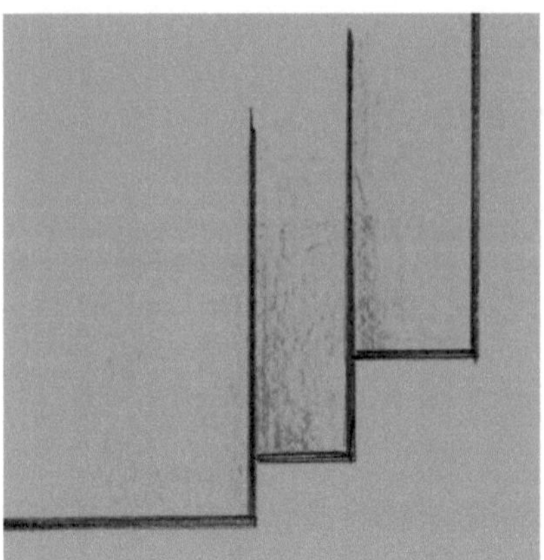

Lävistän peilin toisensa jälkeen;
mustan, sanattoman,
varjonkaan värähtämättä.

Soluni eivät valoa taita.
Olen kadonnut.

Sieluni leijuu syvässä usvassa.
Seinä, esirippu vai ajaton muuri?
Sen takana uusi maailma?

En vain tiedä
synnynkö sinne.

Olen särkynyt,
mennyt rikki.

Etsin palasia heinikosta,
rantahiekalta
ja kannon alta.

Mihin lienevät
sirpaleet sinkoilleet!

Ja mitä näistä löytyneistä
voisikaan koota?

Olen usva meren yllä,
pohjan kallioista kohonnut.
Aaltojen valkoinen laulu
ja syvyyden sininen sävel.

Sydämeni kieli
kuuluu korpin kantamana
aamuruskon maahan.

Matkaaja rantakivellä
ja kuunsillassa helmiäiskylpy.

Köyhäksi häntä kuvailisin,
aivan yksin kulkijaksi,
kunnes kuulen sadat soinnut,
näen tuhansien väriensä tanssin.

Kuun kajossa kimaltavat
kultaiset korvarenkaansa.

Nyt hänet vihdoin tunnistan,
sieluni auran.

Ratkon takkini,
haalistuneen ja paikatun.

Lanka langalta,
sauma saumalta.
Nips nips nips nips.

Kappaleet lepattavat
lennokkeina taivaan tuuliin.
Kaulus raakkuu kuin vanha varis
kunnes viima sen vie.

Vuoren huipulta ikuinen tuuli
puhaltaa läpi alastoman olentoni.

Aurinko nousee.

Kultaa oksilla,
hopeaa alltojen pinnalla.

Riisun öisen viittani,
kalpean ja haalistuneen.

Puen ylleni aamun värit,
kasteen kimaltavat helmet.

Kirsikkapuu kukkii.
Vaeltajan aamu valkenee.

Metsä kuiskii:
”Hän tulee tiellä,
kotiutuu aamun koittoon”.

Tuuli rientää häntä vastaan
tuomen tuoksut kantapäillään.
Meri avaa aaltonsa,
kallio lämpimän kyljen.
Poimulehdissä kimaltavat
kastehelmet.

”Maljasi matkalainen!
Tanssi kanssamme päivän
nousuun!”

”Kysyn nyt sinulta,
maan ja meren tytär,
tämän kivisen oven edessä:
Tahdotko avata sen,
astua uuteen maailmaan
ja sulkea oven takanasi
ikuisiksi ajoiksi?”

”Tahdon.”

”Olet nyt vapaa
vanhan maailman
valoista ja veloista.
Vaellat sydämesi tiellä
rakkauden valossa
elämäsi loppuun asti.
Amen.”

Tule maan tytär, meren lapsi.

Käsikädessä kuljemme
rantakallioilla,
lepäämme luolissa,
tanssimme kukkivilla niityillä.

Kaksi auraa – yksi sielu!

Ei enää koskaan yksin!